W0230739

OSCARIANA

OSCARIANA

ODER

WILDES DENKEN

Glänzende Gedanken
aus dem Gesamtwerk gezogen
von

GERD HAFFMANS

HAFFMANS VERLAG
BEI ZWEITAUSENDEINS

Die Erstausgabe erschien 2001 im Haffmans Verlag Zürich.
Vom Herausgeber neu durchgesehene revidierte Neuausgabe.

Alle Zitate folgen der fünfbändigen Neuausgabe
der wichtigsten Wilde-Werke, erschienen zuerst 1999 im Haffmans Verlag;
erweiterte Neuausgabe anläßlich des 150. Geburtstags von Oscar Wilde
2004 bei Zweitausendeins:

"Das Bild des Dorian Gray", Roman, neu übersetzt von Hans Wolf;
"Lord Arthur Saviles Verbrechen", Erzählungen, neu übersetzt von Eicke Schönfeldt;
"Der glückliche Prinz", Märchen, neu übersetzt von Susanne Luber;
"Der Kritiker als Künstler", Essays, neu übersetzt von Georg Deggerich;
"Ernst und seine tiefere Bedeutung", Komödien, neu übersetzt von Bernd Eilert.

1. Auflage, März 2010
2. Auflage, Januar 2015

Copyright © 2010 Haffmans Verlag bei Zweitausendeins
Versand-Dienst GmbH, Karl-Tauchnitz-Straße 6, D-04107 Leipzig.

Umschlagzeichnung & Frontispiz von William Rothenstein, 1894;
& Vignetten von James Abbott McNeill Whistler.
Gestaltung, Satz & Produktion von Urs Jakob,
Werkstatt im Grünen Winkel, CH-8400 Winterthur.
Druck & Bindung: Ebner & Spiegel, Ulm.
Printed in Germany.

Dieses Buch gibt es nur bei Zweitausendeins im Versand,
Karl-Tauchnitz-Straße 6, D-04107 Leipzig,
Telefon 069-420 8000, Fax 069-415 003.
Internet www.Zweitausendeins.de, E-Mail info@Zweitausendeins.de.
Oder in den Zweitausendeins-Läden in Augsburg,
2x Berlin, Bonn, Braunschweig, Bremen, Darmstadt, Dortmund,
Dresden, Erfurt, Frankfurt am Main, Freiburg, Göttingen, Hamburg,
Hannover, Karlsruhe, Koblenz, Mannheim, Marburg, Münster,
Neustadt an der Weinstraße, Oldenburg, Ulm, & Weil am Rhein.

ISBN 978-3-86150-946-2

OSCAR WILDE

über

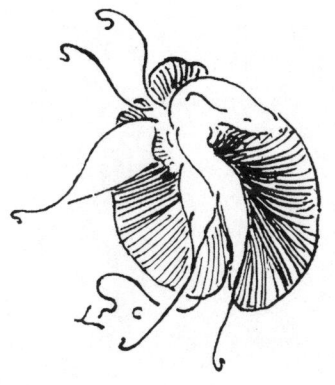

Fleiß
ist die Wurzel
alles Häßlichen.

Heutzutage wird sehr viel dummes Zeug
über die Würde der körperlichen Arbeit gesagt
und geschrieben. Körperliche Arbeit besitzt nichts,
das notwendigerweise Würde verleiht, und ist
zumeist absolut entwürdigend.

Gar nichts machen – das klingt nach verdammt
harter Arbeit. Ich habe nichts gegen harte Arbeit,
solange sie nicht irgendeinem erkennbaren
Zweck dient.

Eine Tätigkeit, die ohne Freude ausgeübt wird,
ist für einen Menschen geistig und moralisch
erniedrigend.

Muße – nicht Arbeit, ist das Ziel des Lebens.
Wir wollen als Schöpfer oder Bewunderer
schöner Dinge die Welt mit Entzücken betrachten.

Der Auserwählte lebt, um nichts zu tun.
Alles Handeln ist begrenzt und naiv. Unbegrenzt
und absolut hingegen ist der Gesichtskreis dessen,
der ruhig dasitzt und beobachtet, der einsam
dahinwandelt und träumt.

Das eigentliche Ziel muß dahin gehen,
der Gesellschaft ein neues Fundament zu geben,
das die Armut unmöglich macht. Die altruistischen
Tugenden haben die Verwirklichung dieses Ziels
nachgerade verhindert.

Dem Armen zur Sparsamkeit zu raten,
ist ebenso grotesk wie beleidigend.
Als würde man einem Verhungernden nahelegen,
weniger zu essen.

Es gibt nur eine gesellschaftliche Klasse, die mehr
ans Geld denkt als die Reichen, nämlich die Armen.
Die Armen können gar nichts anderes denken.
Das ist das ärgste Elend des Armseins.

Die meisten gehen bankrott, weil sie zuviel
in die Prosa des Lebens investiert haben.
Sich für die Poesie zu ruinieren ist eine Ehre.

Wären die Armen nur nicht so häßlich,
die soziale Frage ließe sich leicht lösen.

Man sollte stets ein wenig unwahrscheinlich sein.

Stumpfsinn ist mündig gewordener Ernst.

Manieren sind wichtiger als Moral.

Das Benehmen macht drei Viertel des Lebens aus.

Da alles bei uns so knapp geworden ist,
sind Komplimente das Erfreulichste, was wir
noch reichlich übrig haben. Und das einzige,
was wir uns gerade noch leisten können.

Nichts birgt größere Risiken, als zu modern
zu sein. Man läuft Gefahr, plötzlich altmodisch
zu wirken.

Stil hat sehr stark mit dem Niveau zu tun,
auf dem man sein Kinn trägt.

Jedes Vorurteil über richtiges oder falsches
Verhalten beweist eine gestörte intellektuelle
Entwicklung.

In allen unwichtigen Dingen ist Stil, nicht Ernsthaftigkeit, wesentlich. In allen wichtigen Dingen ist Stil, nicht Ernsthaftigkeit, wesentlich.

Jede Unsicherheit in Fragen guten oder schlechten Benehmens ist ein Indiz für geistigen Stillstand.

Mit einem Abendanzug kann sich jeder den Ruf eines zivilisierten Menschen erwerben, sogar ein Börsenmakler.

Es gibt nur eine Entschuldigung, wenn man sich gelegentlich exzentrisch kleidet:
man muß sich stets exzentrisch benehmen.

Guterzogene widersprechen anderen.
Weise widersprechen nicht.

Es gibt keine Sünde außer der Dummheit.

Wer eine komplette Dummheit begeht,
hat immer die edelsten Motive dafür.

Körperlichen und geistigen Vorzügen haftet
ein Unheil an. Es tut nicht gut, sich von seinen
Mitmenschen zu unterscheiden. Den Häßlichen
und Dummen geht es auf dieser Welt am besten.
Sie wissen nichts vom Sieg, dafür bleibt ihnen
die Kenntnis der Niederlage erspart. Sie leben so,
wie wir alle leben sollten: ungerührt, gleichgültig
und sorglos. Sie richten andere nicht zugrunde
und werden ihrerseits nicht zugrunde gerichtet.

In Prüfungen stellen Dumme Fragen,
die Kluge nicht beantworten können.

Nur Hohlköpfe streiten.

Nur Flachköpfe kennen sich.

Gesunder Menschenverstand
ist eine seltene Krankheit.

Wir leben in einem Zeitalter der Übereifrigen und Untergebildeten, einem Zeitalter, in dem die Leute vor lauter Betriebsamkeit verblöden.

Was auch nur halbwegs an das freie Spiel des Geistes heranreicht, ist bei uns praktisch unbekannt.

Die Leute empören sich über die Sünder, dabei sind nicht die Sünder, sondern die Dummen unsere eigentliche Schande.

Wenn es um die Zerstörung von Vulgarität und Dummheit geht, braucht man für diese Aufgabe nicht nur Mut, sondern auch Verachtung.

Ehrgeiz ist die letzte Zuflucht des Versagers.

Die meisten Menschen ruinieren ihr Leben durch
einen ungesunden und übertriebenen Altruismus –
sie werden geradezu gezwungen, es auf diese Weise
zu ruinieren.

Jeder von uns hat eine schwache Seite.
Sogar ich soll Fehler haben.

Eigenliebe ist der Beginn
einer lebenslangen Romanze.

Man sollte nie anderen zuhören. Es ist ein Zeichen
von Gleichgültigkeit gegenüber den eigenen Zuhörern.

Wo immer wir dem Egoismus begegnen –
was seltsamerweise gar nicht so häufig vorkommt –,
müssen wir ihn willkommen heißen, und wir
werden ihn gewiß nicht so bald vergessen.

Selbst im alltäglichen Leben ist der Egoismus nicht
ohne Reiz. Wenn die Leute über andere reden,
sind sie gewöhnlich langweilig. Wenn sie aber von
sich selbst erzählen, ist das fast immer interessant,
und wenn man sie nur zur rechten Zeit so leicht
abstellen könnte, wie man ein Buch zuschlägt,
dessen man müde geworden ist, wären sie schlichtweg vollkommen.

Die Selbstverleugnung ist eine Methode, durch
die der Mensch seinen Fortschritt aufhält, und die
Selbstaufopferung ist ein Relikt der Verstümmelung
der Barbaren, ein Rest des uralten Schmerzenskults,
der die Geschichte der Welt auf so grausame Weise
begleitet hat, der selbst heute noch Tag für Tag
seine Opfer fordert und dem überall im Land
Altäre errichtet werden.

In der Literatur ist der blanke Egoismus stets
unterhaltend. Genau deswegen finden die Briefe
von so unterschiedlichen Persönlichkeiten wie Cicero
und Balzac, Flaubert und Berlioz, Byron und
Madame de Sévigné unser ungeteiltes Interesse.

Wer einen anderen verstehen will,
muß seine eigene Individualität stärken.

Ich staune immer wieder über mich selbst –
das ist das einzige, was das Leben lebenswert macht.

Kultivierung der eigenen Person
ist das wahre Ideal des Menschen.

Ich bin nicht zynisch. Ich habe nur meine
Erfahrungen gemacht, was allerdings dasselbe ist.

Lebenserfahrung ist eine Frage des Instinkts.

Es mag sich um eine demütigende Einsicht
handeln, aber wir sind alle aus demselben Stoff
gemacht. In Falstaff steckt etwas von Hamlet,
wie Hamlet umgekehrt nicht wenig von Falstaff
besitzt. Der feiste Ritter hat ebenso Anwandlungen
von Melancholie wie der junge Prinz Momente
derben Humors. Wir unterscheiden uns nur durch
Unwesentliches voneinander: durch unsere Kleidung,
unser Auftreten, den Klang unserer Stimme,
unsere religiösen Überzeugungen, das persönliche
Erscheinungsbild und unsere Angewohnheiten.

Anderen Ratschläge zu geben ist immer dumm,
aber gute Ratschläge zu geben ist geradezu
verhängnisvoll.

Um etwas über sich selbst zu wissen, muß man alles
über die anderen wissen. Es darf keine Stimmungen
geben, die man nicht nachempfinden kann,
keine abgestorbene Lebensform, die man nicht
mit neuem Leben zu füllen vermag.

Es geht nichts über angeborene Ignoranz.
Diese Ignoranz ist wie eine zarte exotische Frucht;
eine einzige Berührung – und der Zauber ist zerstört.
Unser ganzes modernes Erziehungssystem ist im
Grunde ungesund. England ist noch ein Glücksfall,
da bei uns jede Erziehung völlig folgenlos bleibt.

Wie schlimm ist es, neben einem Menschen zu
sitzen, der sein Leben lang versucht hat, andere zu
erziehen! Was für eine entsetzliche Borniertheit, die
unvermeidlich aus der fatalen Gewohnheit resultiert,
anderen seine persönlichen Überzeugungen mitteilen
zu wollen! Wie sehr dieser Mensch durch seine geistige
Beschränktheit auffällt! Wie sehr er uns und fraglos
auch sich selbst anödet mit seinen endlosen Wieder-
holungen und seiner krankhaften Besserwisserei!

Es ist stets von Vorteil, keine streng praktische
Erziehung genossen zu haben.

Es ist tragisch, daß so viele gutaussehende junge
Männer ins Leben treten, um in einem nützlichen
Beruf zu enden.

Nach einem guten Essen kann man jedem
verzeihen, sogar der eigenen Verwandtschaft.

Mäßigung ist etwas Fatales.
Genug ist so schlecht wie eine Mahlzeit.
Mehr als genug ist so gut wie ein Festschmaus.

Die einen Unterschied zwischen Körper und Seele
machen, haben keines von beiden.

Die größte Ehrbarkeit ist weit weniger wert
als der Besitz eines guten Kochs. Schließlich ist es
ein sehr schwacher Trost, wenn man erfährt,
daß der Mann, der einem ein schlechtes Essen
oder einen miserablen Wein aufgetischt hat,
ein untadeliges Privatleben führt.

Wer beim Dinner einen ganzen Tisch beherrschen
kann, kann auch die Welt beherrschen.

Anfangs lieben Kinder ihre Eltern noch;
wenn sie älter werden, urteilen sie über sie;
manchmal vergeben sie ihnen.

Alle Frauen werden wie ihre Mütter.
Das ist ihre Tragödie. Kein Mann wird so.
Das ist seine.

Wieso müssen Eltern immer zum falschen
Zeitpunkt auftreten? Wahrscheinlich irgendein
besonderer Fehltritt der Natur.

Väter sollte man weder sehen noch hören.
Das ist die einzige solide Basis für ein Familienleben.
Mütter sind anders. Mütter sind liebenswert.

Mütter sind schon in Ordnung. Sie zahlen
deine Rechnungen und stören dich nicht weiter.
Väter dagegen sind sehr störend und zahlen
deine Rechnungen nicht.

Nur wenige Eltern schenken heutzutage dem
Beachtung, was ihre Kinder ihnen zu sagen haben.
Der traditionelle Respekt vor der Jugend ist
vom Aussterben bedroht. Welchen Einfluß ich auf
meine Mutter gehabt haben mag – im Alter von
drei Jahren war er dahin.

Einen Elternteil zu verlieren könnte man als unglückliche Fügung betrachten. Aber beide – das klingt nach Schlamperei.

Verwandte sind verdammte Quälgeister. Machen uns aber so verdammt respektabel.

Verwandte sind doch einfach ein fades Pack, ohne die geringste Ahnung davon, wie man zu leben hat, oder wenigstens das gröbste Gespür dafür, wann es Zeit wird zu sterben.

Frauen soll man nicht verstehen, sondern lieben.

Frauen sind das dekorative Geschlecht.
Sie haben partout nichts zu sagen, aber sie sagen
es ganz bezaubernd.

Es gibt nur eine wahre Tragödie im Leben
einer Frau. Die Tatsache, daß der Liebhaber stets
der Vergangenheit und die Zukunft unweigerlich
ihrem Ehemann gehört.

Immer. Ein schreckliches Wort.
Jedesmal, wenn ich es höre, packt mich ein Schauder.
Frauen gebrauchen es besonders gern.
Sie zerstören jede Romanze, indem sie versuchen,
ihr ewige Dauer zu verleihen.

Frauen beseelen uns Männer mit dem Wunsch,
Meisterwerke zu schaffen, und hindern uns daran,
sie zu verwirklichen.

Frauen wissen nie, wann sich der Vorhang
gesenkt hat.

Sie ist zu gescheit für eine Frau – ihr fehlt
der undefinierbare Zauber der Schwäche.

Eine Frau flirtet mit jedem Mann auf der Welt,
solange ihr nur jemand zuschaut.

Unmoralische Frauen bringen uns um den Schlaf –
moralische zum Einschlafen.

Wenn es sich um faszinierende Frauen handelt,
ist das Geschlecht eine Herausforderung,
kein Schutz.

Frauen lassen sich von nichts und
niemandem entwaffnen.

Es ist grausam, wie die meisten Frauen
selbst Männer behandeln, mit denen sie nicht
verheiratet sind.

Frauen verlieben sich in unverbesserliche Männer,
um sie zu verlassen, sobald sie gebessert und damit
unattraktiv geworden sind.

Nichts kommt der Anbetung
einer verheirateten Frau gleich.

Wenn eine Frau wirklich Reue zeigen will,
muß sie zu einem schlechten Schneider gehen.

Nichts kleidet eine Frau so schlecht
wie ein überempfindliches Gewissen.

Unattraktive Frauen sind stets auf ihre Männer
eifersüchtig, attraktive dagegen nie.

Attraktive Frauen sind stets damit beschäftigt,
auf die Männer anderer Frauen eifersüchtig zu sein.

Puritanismus ist die einzige Entschuldigung
für eine Frau, unattraktiv zu sein.

Man sollte nie einer Frau trauen, die einem ihr
wahres Alter nennt. Sie könnte einem alles erzählen.

Die Geschichte der Frauen ist eine Geschichte
der schlimmsten Form der Tyrannei, die unsere Welt
je gesehen hat. Die Tyrannei der Schwachen
über die Starken. Die einzige Form der Tyrannei,
die von Dauer ist.

In jeder Frau steckt ein Rebell, und der steckt gewöhnlich in einer wilden Revolte gegen sich selbst.

Ich wüßte nicht, daß Frauen je für ihren Charme
ausgezeichnet würden. Ich glaube, normalerweise
werden sie dafür bestraft.

Daß so viele Frauen alt wirken,
liegt an der Beständigkeit ihrer Anbeter.

Es gibt zwei Sorten von Frauen:
die farblosen und die geschminkten.

Zu dick aufgelegtes Rouge und ein zu dünnes Kleid
sind bei Frauen stets Zeichen von Verzweiflung.

Man sollte einer Frau nie irgend etwas geben,
das sie nicht auch am Abend tragen kann.

Ihrem Schneider zu gefallen ist die erste
Frauenpflicht. Worin die zweite Pflicht besteht,
hat nie jemand herausgefunden.

Ihr Haar ist über Nacht
vor lauter Kummer erblondet.

Das ist doch weiter nichts als die Niederschrift
der Gedanken und Eindrücke eines sehr jungen
Mädchens – es ist ausschließlich zur
Veröffentlichung bestimmt.

Ich führe Tagebuch, um die wunderbaren
Geheimnisse meines Lebens festzuhalten. Wenn ich
sie nicht eintrage, würde ich sie glatt vergessen.

Es gibt Leidenschaft, Feindschaft, Anbetung, Liebe,
aber niemals Freundschaft zwischen Mann und Frau.

Von meinen Freunden verlange ich gutes Aussehen,
von meinen Bekannten guten Charakter, von meinen
Feinden einen gut funktionierenden Verstand.

Man kann in der Wahl seiner Feinde
nicht umsichtig genug sein.

Häufig sind Durchschnittsmänner mittleren
Alters anzutreffen, die zwar keine Feinde haben, bei
ihren Freunden jedoch alles andere als beliebt sind.

Jeder Erfolg, den wir haben,
schafft uns einen Feind.

Um beliebt zu sein, muß man
ein Durchschnittsmensch sein.

Freundschaft ist tragischer als Liebe.
Sie dauert länger.

Das Nachdenken ist die ungesündeste Tätigkeit auf der ganzen Welt und kann wie viele andere Krankheiten zum Tode führen.
Zum Glück ist das Denken nicht ansteckend.

Das Unerwartete zu erwarten zeugt von einem zeitgemäßen Intellekt.

Hamlet hat den Pessimismus des modernen Denkens erfunden. Die ganze Welt verfiel der Schwermut, nur weil eine Bühnenfigur an Melancholie erkrankte.

Schönheit endet dort, wo der intellektuelle Gesichtsausdruck beginnt.

Intellekt ist eigentlich eine Art Überspanntheit und zerstört bei jedem Gesicht das Ebenmaß.

Sobald man denkt, besteht man nur noch aus Nase, Stirn oder sonst etwas Scheußlichem.

Betrachten Sie einmal erfolgreiche Gelehrte:
Sie sind ganz und gar häßlich.

Wenn ich meine Schulden nicht hätte, bliebe mir nichts, worüber ich mir Gedanken machen könnte.

Kein Land der Welt hätte unpraktische Menschen nötiger als wir. Bei uns wird das Denken durch seine ständige Ausrichtung auf praktische Belange herabgewürdigt.

Das Schaffen engt den Blickwinkel ein, die Kontemplation erweitert ihn.

Der Ton, den Goethe in der modernen Welt als erster anschlug, wird das Fundament für das Weltbürgertum der Zukunft sein. Die Kritik wird die Rassenvorurteile zum Verschwinden bringen, indem sie auf der Einheit des menschlichen Geistes in allen seinen unterschiedlichsten Formen insistiert.

Finde einen Ausdruck für deinen Schmerz, und du wirst ihn schätzen lernen. Finde einen Ausdruck für deine Freude, und du steigerst dein Entzücken. Du willst Liebe empfinden? Stimme ihr immergleiches Lied an, und die Worte werden das Sehnen in dir wecken, von dem die Welt glaubt, es lasse die Worte erst hervorsprudeln. Nagt ein bitterer Kummer an deinem Herzen? Tauche ein in die Sprache des Kummers, lerne ihren Ausdruck von Prinz Hamlet und Königin Constantia, und du wirst feststellen, daß schon das bloße Aussprechen Trost spendet und die Form,

der Beginn aller Leidenschaft, zugleich das Ende
des Schmerzes ist.

Das moderne Ideal ist der umfassend informierte
Mensch. Und im Gehirn eines umfassend
informierten Menschen sieht es zum Fürchten aus.
Ein Trödelladen voller Abscheulichkeiten,
wo alles über seinem wahren Wert verkauft wird.

Schlechte Poesie geht stets auf echte Gefühle zurück.

Es ist so leicht für die Leute, Mitgefühl für die Leidenden zu empfinden. Wie schwer ist es dagegen, Mitgefühl für das Denken zu entwickeln.

Wenn auch nur ein einziger Mensch sein Leben voll und ganz ausleben würde. Wenn es ihm gelänge, seinen Gefühlen Form zu geben, seinen Gedanken Ausdruck zu verleihen und seine Träume zu verwirklichen – die Welt bekäme einen neuen Antrieb zur Freude.

Nur oberflächliche Menschen brauchen Jahre, um ihre Gefühle loszuwerden. Wer Herr seiner selbst ist, wird mit seinem Kummer genauso mühelos fertig, wie er sich ein neues Vergnügen schafft.

Ich habe keine Lust, mich meinen Gefühlen zu unterwerfen. Ich möchte sie auskosten, sie genießen und über sie bestimmen.

Ein feinfühliger Organismus, so gleichgültig er auch gegen die Schmerzen anderer ist, reagiert hochempfindlich auf eigene Schmerzen.

Nur Menschen mit sentimentaler Veranlagung können ein Gefühl zurückholen.

Romantische Gefühle leben von der Wiederholung, und Wiederholung verwandelt das Begehren in Kunst.

Tränen sind eine Zuflucht für schlichte Gemüter, für hübsche Gesichter sind sie der Ruin.

Gäbe es weniger Mitgefühl, hätten wir weniger Ärger mit der Welt.

Heutzutage kennen die Leute von allem den Preis und von gar nichts den Wert.

Kein Mensch ist reich genug, um seine Vergangenheit zurückzukaufen.

Jeder Mann mit Ehrgeiz muß sein Jahrhundert mit dessen eigenen Waffen bekämpfen. Was dies Jahrhundert vergöttert, ist Geld. Geld ist die Gottheit des Jahrhunderts. Um Erfolg zu haben, braucht man Geld. Geld um jeden Preis.

Zeit ist Geldverschwendung.

Nur wer seine Rechnungen nicht bezahlt, darf hoffen, im Gedächtnis der Krämer-Kaste weiterzuleben

Früher dachte ich, Geld sei das Wichtigste auf der Welt. Heute weiß ich: Geld ist das Wichtigste auf der Welt.

Daß Genie die Schönheit überdauert,
ist traurig aber wahr.

Genies reden so viel. Eine schlechte Angewohnheit
ist das! Und sie denken immer nur an sich selbst,
wenn ich möchte, daß sie an mich denken.

Jeder Schöpfungsakt ist heutzutage ein reiner
Geniestreich und zeugt in kommerziell orientierten
Zeiten wie den unseren von erheblicher physischer
Fruchtlosigkeit. Die wenigsten unserer zeit-
genössischen Romanciers trauen sich überhaupt
noch, etwas zu erschaffen.

Unsere Öffentlichkeit zeigt eine erstaunliche
Duldsamkeit. Für alles hat sie Verständnis, außer
für das Genie.

Früher haben wir unsere Helden vergöttert.
Heute gefällt man sich darin, sie zu Allerwelts-
menschen zu machen. Billige Ausgaben
großer Bücher mögen eine feine Sache sein,
aber billige Ausgaben großer Männer sind
einfach abscheulich.

Ich bin vernarrt in einfache Genüsse.
Sie sind die letzte Zuflucht des Komplizierten.

Genuß ist der Prüfstein der Natur,
ihr Zeichen der Zustimmung.

Ein kultivierter Mensch wird einen Genuß
niemals bereuen; ein unkultivierter Mensch
weiß nicht einmal, was Genuß ist.

Das Unnötige ist das einzige,
was wir wirklich benötigen.

Ich habe das Glück nie gesucht. Wer braucht
schon Glück? Ich habe den Genuß gesucht.

Es ist wichtig, geschäftlichen Verpflichtungen nicht
nachzukommen, wenn man sich nur den geringsten
Sinn für die schönen Dinge des Lebens bewahren
möchte.

Die Zigarette ist ein vollendetes Sinnbild für
den vollendeten Genuß. Sie schmeckt köstlich und
verschafft einem keinerlei Befriedigung.
Was will man mehr?

Es gibt Schlimmeres,
als erobert
zu werden.

Gerade der denkbar ehrenhafteste, moralisch einwandfreiste Mann ist um so anfälliger für die körperlichen Reize anderer. Die Praxis der neueren wie auch älteren Geschichte versorgt uns mit allzu vielen beklagenswerten Beispielen für meine Theorie. Wenn dem nicht so wäre, würde kein Mensch Geschichtsbücher lesen.

Eine genaue Beschreibung dessen zu geben, was sich nie ereignet hat, ist nicht nur die angestammte Aufgabe des Historikers, sondern auch das unveräußerliche Privileg eines jeden Menschen, der über Talent und Kultur verfügt.

Bislang ist noch jedes Jahrhundert, in dem Dichtung entsteht, ein künstliches Jahrhundert, und gerade Werke, die wir für den natürlichsten und unmittelbarsten Ausdruck ihrer Zeit halten, sind stets das Resultat einer ganz und gar bewußten Anstrengung.

Jeder kann Geschichte machen, aber nur ein großer Mann kann sie schreiben.

Die einzige Pflicht, die wir der Geschichte schulden, ist, sie umzuschreiben.

Die Zeitalter leben in der Geschichte durch
ihre Anachronismen.

Das Moderne ist am schnellsten wieder veraltet.

Niemand, der ein halbwegs verlässliches Gefühl
für Geschichte besitzt, käme auf den Gedanken,
Nero zu tadeln, Tiberius zu schelten oder Cesare
Borgia Vorhaltungen zu machen. Alle Personen sind
für uns wie Marionetten auf einer Schaubühne. Sie
mögen in uns Angst, Schrecken oder Verwunderung
hervorrufen, aber sie fügen uns kein Leid zu.

Um dies Jahrhundert zu verstehen,
muß man alle vorherigen Jahrhunderte verstehen,
aus denen man hervorgegangen ist.

Solange der Krieg als etwas Böses betrachtet wird,
wird er seine Faszination behalten.

Für einen Menschen mit Verstand ist das tragischste
Ereignis der Französischen Revolution nicht der Tod
Marie Antoinettes, die hingerichtet wurde, bloß
weil sie Königin war, sondern der Aufstand der
ausgehungerten Bauern der Vendée, die freiwillig
in den Kampf zogen, um für die schmähliche Sache
des Feudalismus zu sterben.

Ich bin mir nur zu sehr bewußt, daß wir
in ein Zeitalter hineingeboren wurden, in dem
allein die Langweiler ernst genommen werden.

Ich lebe in ständiger Furcht,
nicht mißverstanden zu werden.

Allein weil sie nicht wußte, welche Richtung
sie ging, hat die Menschheit ihren Weg gefunden.

Auflehnung ist die älteste Tugend des Menschen.
Allein durch Auflehnung wurde Fortschritt möglich,
durch Auflehnung und Aufsässigkeit.

Die Nächstenliebe bringt zahllose Übel hervor.

Die Gesellschaft verzeiht oft dem Verbrecher,
niemals aber dem Träumer. Die schönen, zweck-
freien Stimmungen, die die Kunst in uns weckt,
sind ihr verhaßt.

Die Kontemplation, die in den Augen
der Gesellschaft als die schwerste Sünde gilt,
derer sich ein Bürger schuldig machen kann,
ist in den Augen der Höchstkultivierten die wahre
dem Menschen zugedachte Beschäftigung.

Zugang zur besten Gesellschaft findet jeder, der ihr etwas spendiert, sie amüsiert oder sie schockiert.

Es gibt nur eins, was schlimmer ist, als im Gerede zu sein, nämlich nicht im Gerede zu sein.

Ich liebe Skandalgeschichten über andere Leute, aber wenn sie mich selbst betreffen, interessieren sie mich nicht. Dann fehlt ihnen der Reiz des Neuen.

Tratsch ist moralinsaurer Klatsch und damit langweilig.

Jeder ist das Produkt seiner Vergangenheit. Es gibt nichts, wonach man Menschen sonst beurteilen könnte.

Der Mittelstand verbreitet an geschmacklosen Eßtischen seine moralischen Vorurteile und tuschelt über die sogenannte Lasterhaftigkeit der besseren Kreise, um sich damit den Anschein zu geben, man gehöre der feinen Gesellschaft an und stehe auf du und du mit denen, über die man den Mund zerreißt.

Kultiviertheit ist keineswegs leicht zu erwerben. Es gibt nur zwei Möglichkeiten, sie zu erlangen:

Entweder man ist gebildet oder man ist verdorben.
Zu beidem hat die Landbevölkerung keine
Gelegenheit, deswegen kann sie sich nicht weiter-
entwickeln.

Meine eigenen Angelegenheiten
langweilen mich zu Tode.
Die anderer Leute ziehe ich entschieden vor.

Kein Mann hat Erfolg,
solange nicht eine Frau hinter ihm steht,
denn Frauen beherrschen die Gesellschaft.

Die Welt ist in zwei Klassen unterteilt –
jene, die an das Unglaubliche glauben,
und solche, die das Unwahrscheinliche wagen.

Die regelmäßige Anwendung von Strafen
läßt eine Gesellschaft unendlich mehr verrohen
als gelegentlich auftretende Verbrechen.

Wer glücklich ist, ist immer gut,
aber wer gut ist, ist nicht immer glücklich.

Gut sein heißt, im Einklang zu sein
mit sich selbst.

Es zeugt von einer geradezu kindlich
bescheidenen Gesinnung, wenn man alles dazu tut,
um für schlecht gehalten zu werden.

Wen man für gut hält, den nimmt alle Welt
auch ernst. Wen man für schlecht hält, den nicht.
Es ist schon frappierend, wie die Stupidität
des Optimismus funktioniert.

Gute Menschen richten eine Menge Unheil
auf der Welt an. Und das größte Unheil kommt
wahrscheinlich daher, daß sie aus der Unmoral
so eine unheimlich wichtige Sache machen.

Die Leute in gute und schlechte zu unterteilen
ist absurd. Die Leute sind entweder nett oder fad.
Man sollte jedem nur das Schlimmste zutrauen.
Es erfordert einiges an Ermittlungsarbeit, jemanden
als guten Menschen zu entlarven.

Man kann einen Menschen nicht immer nach seinem Handeln beurteilen. Er mag Gesetze achten und dennoch nichtsnutzig sein. Oder er mag das Gesetz brechen und dennoch edel sein.
Er mag schlecht sein, ohne je etwas Schlechtes getan zu haben. Er mag eine Sünde gegen die Gesellschaft begehen und durch ebendiese Sünde zur wahren Vollendung finden.

Lasterhaftigkeit ist ein Mythos, den gute Leute erfunden haben, um die merkwürdige Anziehungskraft anderer zu erklären.

Je weniger Strafen, desto weniger Verbrechen. Sind erst alle Strafen abgeschafft, wird es entweder keine Verbrechen mehr geben, oder aber auftretende Fälle werden als eine bedauerliche Form des Wahnsinns gelten, die fürsorglicher und verständnisvoller ärztlicher Pflege bedürfen.

Es ist nichts Romantisches an einem verbindlichen Heiratsantrag. Er wird angenommen – normalerweise. Und schon ist mit der Aufregung Schluß.

Die Anzahl der Frauen, die mit ihren eigenen Männern flirten, ist eigentlich schon skandalös. Wie sieht denn das aus?! Man wäscht doch nicht seine saubere Wäsche in aller Öffentlichkeit!

In ehelichen Beziehungen fängt erst zu dritt die Geselligkeit an.

Seit dem Tod ihres Mannes sieht sie glatt zwanzig Jahre jünger aus.

Kein Mädchen heiratet den Mann, den es anhimmelt.

Die angemessene Basis für die Ehe ist ein gegenseitiges Mißverständnis.

Es ist verdammte Pflicht zu heiraten. Man kann nicht ewig nur zum Vergnügen leben.

Der Reiz der Ehe besteht darin, daß beide Partner zu einem Leben voller Täuschungsmanöver gezwungen sind.

Heiraten ist keine Gefühlssache. Es geht um Besitz-
ansprüche. Gefühle kommen im Eheleben später auf.

Bei Frauen wächst das Gefühl für Moral, und
das ist es, was aus der Ehe eine solch hoffnungslos
einseitige Angelegenheit macht.

Bestimmte Charaktere werden durch die Ehe
vielschichtiger. Sie bewahren ihren Egoismus
und gewinnen viele weitere Egos hinzu. Sie sind
gezwungen, mehr als nur ein Leben zu führen.
Sie werden zu höher organisierten Wesen, und
ein höher organisiertes Wesen zu sein ist das Ziel
des menschlichen Daseins.

Männer heiraten aus Langeweile;
Frauen aus Neugier. Beide werden enttäuscht.

Würden Männer Frauen heiraten, die sie
verdienen, gingen wir sehr harten Zeiten entgegen.

Sehr schöne Frauen haben
immer Verbrecher zu Ehemännern.

Wenn eine Frau sich wiederverheiratet, dann nur
deswegen, weil sie ihren ersten Ehemann verabscheut
hat. Wenn ein Mann wieder heiratet, dann deswegen,

weil er seine erste Ehefrau angebetet hat. Frauen
versuchen ihr Glück; Männer setzen das ihre
aufs Spiel.

Nichts läßt eine Frau so schnell altern
wie eine Ehe, die der Regel entspricht.

Ein Mann kann mit jeder Frau glücklich sein,
solange er sie nicht liebt.

Das Glück eines verheirateten Mannes ist von
Leuten abhängig, mit denen er nicht verheiratet ist.

Für einen Ehemann ist es höchst gefährlich,
seiner Frau in der Öffentlichkeit irgendwelche
Aufmerksamkeit zu schenken. Die Leute denken
dann, sobald sie allein sind, schlägt er sie.

Es ist gefährlich, einer Frau zu begegnen,
die einen vollkommen durchschaut: So etwas
endet stets vor dem Traualtar.

Zu viele Ehen sind noch niemandem bekommen.
Nach einer zwanzigjährigen Romanze sieht eine Frau
wie eine Ruine aus. Nach zwanzig Ehejahren eher
wie ein öffentliches Gebäude.

Ehemänner sind eine Art Schuldschein,
der immer wieder vorgelegt wird.

Frauen sind so gebildet heutzutage,
daß nichts mehr überraschen sollte,
außer einer glücklichen Ehe.

Ich halte nicht viel von längeren Verlobungszeiten.
Die Leute erhalten so Gelegenheit, noch vor der
Ehe den Charakter des anderen kennenzulernen,
was ich nie besonders ratsam finde.

Ein Publizist ist ein Mensch, der die Öffentlichkeit
mit den geheimsten Details seines Privatlebens
langweilt.

Indem der Journalismus uns über die Ansichten
der Ungebildeten informiert, verlieren wir nie
die Ignoranz der breiten Massen aus den Augen.

In alten Zeiten gab es die Folter.
Heute hat man die Presse.

Uns regiert der Journalismus. In Amerika
dauert die Amtszeit des Präsidenten vier Jahre,
der Journalismus aber herrscht unbegrenzt.

Der Journalismus in Amerika hat seine autoritäre
Gewalt ins gröbste und brutalste Extrem getrieben.

Der Journalismus maßt sich eine außergewöhnliche Tyrannei über das Privatleben der Leute an.
Jener lächerliche Journalismus, der sich einen Platz
auf dem Richterstuhl anmaßt, wo er doch auf
der Anklagebank sitzen sollte.

Journalismus ist unlesbar,
und Literatur wird nicht gelesen.

Spione sind heutzutage überflüssig.
Mit ihrem Gewerbe ist es vorbei. Statt dessen
haben die Zeitungen ihre Arbeit übernommen.

Der moderne Journalismus rechtfertigt
seine Existenz nach dem Darwinschen Prinzip
vom Überleben des Vulgärsten.

Jeder große Mann hat seine Jünger,
und die Biographie schreibt immer wieder Judas.

Jugend ist das einzige,
was sich zu besitzen lohnt.

Wer seine Jugend zurückgewinnen will,
braucht nur seine Jugendsünden zu wiederholen.

Das Geheimnis des Jungbleibens besteht darin,
daß man keine Gefühle haben darf, die einem nicht
gut zu Gesicht stehen.

Der Jugend gehört die Welt. Im mittleren Alter
hat man nur noch Verpflichtungen. Im Alter landet
man in der Abstellkammer des Lebens.

Um meine Jugend zurückzugewinnen,
würde ich alles tun – außer Gymnastik treiben,
früh aufstehen oder ein ehrbarer Mensch werden.

Ziemlich verroht, die Jugend von heute. Sie hat
absolut keinen Respekt mehr vor gefärbten Haaren.

Es ist absurd, von der Unwissenheit der Jugend
zu reden. Die einzigen Leute, deren Ansichten ich
mir heute mit einigem Respekt anhöre, sind Leute,
die viel jünger sind als ich. Es ist, als hätten sie mir
etwas voraus.

Sobald man alt genug ist, um es besser wissen
zu können, weiß man gar nichts mehr.

Wenn du schon deine Figur und deinen Charakter
nicht behalten kannst, behalte wenigstens die Nerven.

Voraussetzung zur Vollkommenheit ist Muße.
Ziel der Vollkommenheit ist Jugend.

Wen die Götter lieben, lassen sie jung werden.

Frühreif sein heißt vollkommen sein.

Greise glauben alles. Männer bezweifeln alles.
Kinder wissen alles.

Ich habe nie vorgehabt, alt zu werden.
Die Seele wird alt geboren und verjüngt sich dann.
Das ist das Komische am Leben.

Fünfunddreißig ist doch ein sehr attraktives Alter.
In der Londoner Gesellschaft wimmelt es von Frauen
aus höchsten Häusern, die aus freien Stücken
bereits seit Jahren fünfunddreißig sind.

Hemmungslose Fröhlichkeit kann
völlige Einfaltslosigkeit nicht wettmachen.

Nur Langweiler sind brillant beim Frühstück.

Wände sind die einzigen,
die nie widersprechen.

Worte sind gnadenlos.

Nichts ist effektvoller als ein guter Gemeinplatz.
Er macht die Welt zum Dorf.

Eine gelehrige Unterhaltung ist entweder
die Selbstbespiegelung des Unwissenden oder
der Beruf des geistig Brotlosen.

Wenn jemand mit mir übereinstimmt, habe ich
immer das Gefühl, daß ich falsch liegen muß.

Reden Sie mit jeder Frau, als wären Sie
in sie verliebt, und mit jedem Mann, als würde er
Sie langweilen, und am Ende der Saison werden
Sie in dem Ruf stehen, über ein Höchstmaß an
gesellschaftlichem Taktgefühl zu verfügen.

Es gibt nur einen Grund, der Fragen rechtfertigt –
schiere Neugier.

Fragen sind nie indiskret –
Antworten sind es bisweilen.

Ich will gar nicht wissen, wie die Leute
hinter meinem Rücken über mich reden.
Ich bilde mir zuviel darauf ein.

Ziel des Lügners ist lediglich zu unterhalten,
zu entzücken und Freude zu bereiten. Er ist das
eigentliche Fundament der zivilisierten Gesellschaft,
und ohne ihn wäre eine Abendgesellschaft so langweilig wie eine Vorlesung in der Royal Society
oder eine Debatte im Schriftstellerverband.

Eine Unterhaltung sollte alles und jedes streifen,
sich aber nirgends verbeißen.

Wer die Wahrheit sagt, wird früher oder später
dabei ertappt.

Der Kritiker befindet sich gegenüber dem zu kritisierenden Kunstwerk in der gleichen Stellung, die der Künstler gegenüber der sichtbaren Welt der Formen und Farben oder auch gegenüber der unsichtbaren Welt der Leidenschaften und Gedanken einnimmt.

Ein Kritiker kann gar nicht gerecht sein. Man kann nur über Dinge, die einen nicht interessieren, unparteiisch urteilen, was zweifellos auch der Grund dafür ist, warum ein unparteiisches Urteil stets vollkommen wertlos ist.

Nur ein Auktionator kann alle Schulen der Kunst mit dem gleichen unparteiischen Interesse bewundern. Gerechtigkeit ist keine Eigenschaft, die den wahren Kritiker auszeichnet.

Die höchste Form der Kritik betrachtet das Kunstwerk als Ausgangspunkt für eine neue Schöpfung.

Woher nehmen diejenigen, die selbst nichts schaffen können, sich das Recht, den Wert schöpferischer Arbeit beurteilen zu können? Was wissen sie schon davon? Wenn ein Werk leicht zu verstehen ist, braucht man keine großen Erklärungen.

Die geistige Kritik wird Europa weit enger
zusammenführen, als Krämer oder Gefühls-
menschen dies können.

Kunstkongresse tragen den Provinzialismus
in die Provinz und bringen der Mittelmäßigkeit bei,
wie man geschwollen redet. In langweiligen Kunst-
gazetten ergehen sich eifrige Leute über Dinge,
von denen sie keine Ahnung haben.

Wenn ein Werk unverständlich ist,
bedeutet jede Erklärung eine Zumutung.

Die Griechen waren ein Volk von Kunstkritikern
und haben die Kunstkritik, genau wie alle andere
Kritik, erfunden. Wir müssen den Griechen dankbar
sein für den kritischen Geist. Jenen Geist, mit dem sie
Fragen der Religion und der Wissenschaft, der Ethik
und der Metaphysik, der Politik und der Erziehung
betrachteten und den sie auf Fragen der Kunst an-
wandten, so daß sie uns das geschlossenste kritische
System hinterlassen haben, das die Welt je gekannt hat.

Ein Zeitalter, das keine Kritik kennt, ist entweder
eins, dessen Kunst steif, hieratisch und auf der
Wiedergabe konventioneller Formen beschränkt ist,
oder aber eins, das gar keine Kunst besitzt.

Ein Großteil der modernen Kritik und der schöpferischen Arbeiten von heute ist völlig wertlos. Das Mittelmaß auf der einen hält dem Mittelmaß auf der anderen Seite die Waage, und die Unfähigkeit beklatscht ihre Schwester.

Wo jeder Stil fehlt, ist kein Maßstab möglich. Die armen Rezensenten werden unübersehbar zu Berichterstattern aus dem literarischen Polizeibericht herabgewürdigt, zu Chronisten der Machenschaften literarischer Gewohnheitsverbrecher.

Gerade weil die Kunst die höchste Form des Individualismus darstellt, reizt es die Öffentlichkeit zu dem Versuch, sich in Kunstfragen eine Autorität anzumaßen, die ebenso unmoralisch wie lächerlich, ebenso verderblich wie verächtlich ist.

Nur durch die Kunst
können wir unsere Vollendung erlangen;
nur durch die Kunst können wir uns
vor dem gemeinen Schmutz
des Lebens schützen.

Die erste Pflicht im Leben ist: so künstlich wie möglich zu sein. Eine zweite Pflicht hat bis heute noch keiner entdeckt.

Alle Kunst ist bis zu einem gewissen Grad Schauspielerei, der Versuch, seine eigene Persönlichkeit auf einer imaginären Ebene außerhalb der hemmenden Zufälle und Begrenzungen des wirklichen Lebens zu verwirklichen.

Das Herz des Künstlers ist sein Kopf. Seine Aufgabe ist es, die Welt wiederzugeben, wie wir sie sehen, und nicht, sie zu reformieren.

Wie die Natur Materie ist, die zum Geist drängt, so ist die Kunst Geist, der in Materie gekleidet wurde, und darum spricht sie auch in ihren unscheinbarsten Äußerungsformen Sinne und Seele zugleich an.

Der Dichter gewinnt seine Eingebung aus der Form, und zwar allein aus der Form, wie es sich für einen Künstler gehört. Eine wirklich empfundene Leidenschaft würde alles verderben.

Was tatsächlich geschieht, ist für die Kunst verloren.

Ein wirklich großer Künstler kann sich gar keine
andere Darstellungsweise des Lebens oder der Schönheit vorstellen als seine eigene. Das eigene Schaffen
nimmt die kritischen Fähigkeiten so sehr in Beschlag,
daß für die Künste anderer nichts mehr übrigbleibt.

Immer wenn ich ins Museum gehe, sind entweder
so viele Leute da, daß ich die Bilder nicht sehe,
oder so viele Bilder, daß es mir nicht gelingt,
die Leute zu sehen, und das ist noch schlimmer.

Holbeins Zeichnungen der Männer und Frauen
seiner Zeit vermitteln den Eindruck absoluter Wahr-
heitstreue. Das liegt aber nur daran, daß Holbein
das Leben zwang, sich seinen Bedingungen zu
unterwerfen, die durch ihn gesetzten Grenzen
zu achten, seinen ureigenen Typus wieder zugeben
und so zu erscheinen, wie er es wollte.

Die meisten unserer modernen Porträtmaler sind
dazu verdammt, alsbald in Vergessenheit zu geraten.
Sie malen nie das, was sie sehen, sondern das,
was das Publikum sieht, und das Publikum ist
gewöhnlich stockblind.

Gute Künstler existieren ausschließlich in dem,
was sie schaffen, und sind daher als Menschen un-

interessant. Die persönlich entzückenden Künstler
sind schlechte Künstler.

Es ist ein Irrglaube, daß die Leidenschaft, die ein
Künstler beim Schaffen empfindet, im Werk tatsäch-
lich zum Ausdruck kommt. Die Kunst verhehlt den
Künstler eher, als daß sie ihn offenbart.

Kunst ist unser lebhafter Einspruch, unser
mutiger Versuch, der Natur den ihr gebührenden
Platz zuzuweisen.

Das Leben ahmt die Kunst weit mehr nach
als die Kunst das Leben.

Ein großer Künstler erschafft einen neuen Typus,
und das Leben versucht, diesen nachzuahmen, ihn
wie ein geschäftstüchtiger Verleger in eine populäre
Form zu gießen.

Ohne kritisches Talent kann es keine Kunst geben,
die diesen Namen verdiente.

Einen Künstler morbid zu nennen, weil er das
Morbide zum Thema genommen hat, ist so kindisch,
als würde man Shakespeare wahnsinnig nennen,
weil er König Lear geschrieben hat.

Ungesund ist ein Kunstwerk, wenn sein Stil platt, altmodisch und abgeschmackt ist und sein Thema mit Überlegung gewählt wurde, aber nicht, weil der Künstler irgendwelche Freude daran findet, sondern weil er glaubt, daß es sich gut verkaufen läßt.

Die Vorstellungen der Gebildeten von Kunst sind allemal der Vergangenheit der Kunst verpflichtet, während doch die Schönheit jedes neuen Werks in dem liegt, was es zuvor in der Kunst noch nicht gegeben hat; daran den Maßstab der Vergangenheit anzulegen heißt, ein Maß anzulegen, auf dessen Überwindung seine wahre Vollendung beruht.

Die Tatsache, daß jemand ein Giftmörder ist, sagt nichts gegen seine Prosa aus. Persönliche Tugenden liefern keine ernsthafte Grundlage der Kunst, auch wenn sie zweitklassigen Künstlern als willkommene Reklame dienen.

Wenn die Figur Hamlet etwas von der Bestimmtheit eines Kunstwerks hat, besitzt sie doch auch die ganze Vieldeutigkeit eines lebenden Wesens. Es gibt so viele Hamlets wie Spielarten der Melancholie.

Musik ist die vollkommenste Kunst.
Die Musik vermag niemals ihre tiefsten Geheimnisse
zu entschleiern.

Wenn ich Chopin gespielt habe, ist mir nachher
immer, als hätte ich über begangene Sünden geweint
oder über Tragödien getrauert, die nicht meine
eigenen gewesen sind. Musik ruft in uns eine
Vergangenheit wach, von der wir nichts wußten,
und erfüllt uns mit einem Gefühl für Leiden, die
unseren Tränen bislang verborgen geblieben sind.

Der Stil stellt uns Dinge glaubhaft vor –
einzig der Stil.

Man sollte entweder ein Kunstwerk sein
oder ein Kunstwerk tragen.

Eine wirklich tadellose Knopflochblume
ist das einzige, was Kunst mit Natur verbindet.

Amerika – ich wollte, es wäre nie entdeckt worden.

Amerikanische Frauen sind erstaunlich
erfindungsreich, wenn es darum geht,
ihre Herkunft zu verschleiern.

Die Jugend Amerikas ist seine einzige Tradition.
Amerikaner gibt es jetzt seit dreihundert Jahren.
Aber wenn man sie so reden hört, könnte man
glauben, sie hätten ihre erste Kindheit noch vor sich.
Dabei steckt die Gesellschaft schon mitten
in ihrer zweiten.

Nur die Liebe, und nicht die deutsche Philosophie,
lehrt uns, diese Welt wahrhaft zu verstehen.

Der typische Engländer ist immer fad
und meist gewalttätig.

Wenn die Engländer ihr Hauptbuch abschließen,
rechnen sie die Borniertheit gegen den Reichtum und
das Laster gegen die Heuchelei auf.

Die englische Frau verschweigt ihre Gefühle
bis zur Hochzeit.

Die Saison in London ist wie der Ehestand. Entweder sind die Leute auf der Jagd nach Ehemännern oder auf der Flucht vor ihnen.

Die Londoner Gesellschaft besteht ausschließlich aus Leuten, die entweder dandyhaft oder tantenhaft gekleidet sind.

Der einzige Intellekt, der sich ernst nimmt, ist der britische. Und der britische Intellekt dient primitiven Geistern als Schlagzeug.

Die Engländer können einen Mann, der immer recht hat, nicht ausstehen, aber sie mögen jeden Mann, der eingesteht, Fehler gemacht zu haben.

Wenn man den Engländern nur beibringen könnte, wie man redet, und den Iren, wie man zuhört.

Was ich an Berichten aus Australien und aus dem Jenseits erhalten habe, reizt mich nicht sonderlich. Diese Welt ist gut genug für mich.

Die Welt ist eine Bühne. Doch das Stück ist schlecht besetzt.

Man kann das Leben nicht verstehen,
ohne viel Nachsicht zu üben.

Die Grundlage des Lebens ist wissenschaftlich
gesprochen einfach das Streben nach Ausdruck,
und die Kunst stellt einen unerschöpflichen Formen-
reichtum zur Verfügung, durch den dieser Ausdruck
erlangt werden kann. Das Leben greift Formen auf
und benutzt sie, selbst wenn es dadurch Schaden
erleidet. Jünglinge sind von eigener Hand gestorben,
weil Werther von eigener Hand gestorben ist.
Bedenke nur, was wir der Nachahmung Christi oder
der Nachahmung Cäsars verdanken.

Das Leben ist schneller als der Realismus, nur
die Romantik ist ihm immer einen Schritt voraus.

Das Leben ist eine schlimme Zeit,
zusammengesetzt aus köstlichen Momenten.

Die Spannung des Lebens ist unerträglich.
Hoffentlich geht sie nicht so bald vorbei.

Tragödien, die sich im wirklichen Leben ereignen,
haben häufig etwas ganz und gar Unkünstlerisches,
sie verletzen uns durch ihre blanke Willkür, ihre grobe
Inkonsequenz, ihre absurde Sinnlosigkeit und ihren

vollständigen Mangel an Stil. Wir empfinden sie einfach als Barbarei.

Man sollte das Leben als buntes Ganzes nehmen, aber man sollte sich nie an Einzelheiten erinnern. Einzelheiten sind immer vulgär.

Das Leben ist immer ungerecht. Vielleicht ist das für die meisten von uns auch besser so.

Die einzige wirklich Schöne Kunst unseres Zeitalters ist die Kunst zu leben.

Wenn man über etwas nicht redet, ist es auch nicht geschehen. Erst das Wort schafft Realität.

Wir können in unserem Leben höchstens ein großes Erlebnis haben, und das Geheimnis des Lebens besteht darin, daß wir dieses Erlebnis so oft wie möglich wiederholen.

Das Leben ist eine viel zu bedeutende Angelegenheit, um ernsthaft darüber reden zu dürfen.

Sympathie sollte man nur für das Erfreuliche, das Schöne und das Bunte im Leben haben. Je weniger man über seine wunden Punkte redet, desto besser.

Die Welt hat sich über ihre eigenen Tragödien
stets lustig gemacht, weil das der einzige Weg war,
sie erträglich werden zu lassen. Was immer die Welt
ernst genommen hat, gehört zum komödiantischen
Teil der Veranstaltung.

Das Geheimnis des Lebens besteht darin,
alles sehr, sehr leicht zu nehmen.

Die sicherste Art, blind durchs Leben zu gehen,
besteht darin, sich nützlich zu machen.

Das Leben besitzt einen erschreckenden Mangel
an Takt. Seine Katastrophen ereignen sich auf
unpassende Weise und treffen die falschen Leute.

Wo immer man sich auf das Leben einläßt,
wird man enttäuscht. Alles dauert entweder
zu lange oder nicht lange genug.

Vom künstlerischen Standpunkt aus ist das Leben
ohne Zweifel ein einziger Fehlschlag.

Es ist gar nicht so leicht, unpraktisch zu sein,
wie der kleingeistige Philister sich das so vorstellt.

Die Form ist alles. Sie ist das Geheimnis
des Lebens.

Ich kann mir gut vorstellen, daß ein Mensch,
der ein völlig durchschnittliches Leben führt,
plötzlich entdeckt, daß seine Seele, ohne sich dessen
bewusst zu sein, Schreckliches durchgemacht und
furchtbare Genüsse, wilde Liebesabenteuer
und große Entsagungen erlebt hat.

Nur die allerwenigsten verstehen es,
wirklich zu leben. Die meisten existieren bloß.

Die Schauspielerei ist viel realer als das Leben.

Leben Sie das herrliche Leben, das in Ihnen steckt.
Lassen Sie nichts aus. Suchen Sie immer nach
neuen Erlebnissen. Fürchten Sie sich vor nichts.
Ein neuer Hedonismus – das ist es, was unser
Jahrhundert braucht.

Wir lernen im Leben unsere Lektionen immer erst
dann, wenn sie uns nichts mehr nützen können.

Nur Liebe hält uns am Leben.

Nichts ist ernst zu nehmen außer der Leidenschaft. Der Intellekt ist keine ernst zu nehmende Sache und war es auch nie. Er ist ein Instrument, auf dem man spielt.

Der Unterschied zwischen einer Laune und einer lebenslangen Leidenschaft besteht darin, daß die Laune etwas länger dauert.

Das letztlich Entscheidende bei jeder Romanze ist die Ungewißheit.

Eine Verlobung sollte für ein junges Mädchen stets überraschend kommen, erfreulich oder unerfreulich, das wechselt von Fall zu Fall. Die Sache ist viel zu ernst, um sie der Betroffenen zu überlassen.

Die Leidenschaften, über deren Ursprung man sich täuscht, machen einem am schwersten zu schaffen.

Die Leidenschaft für die Lust ist das Geheimnis der Junggebliebenen.

Wer verliebt ist, betrügt am Anfang sich selbst und am Ende die anderen.

Jedesmal wenn man liebt, ist es, als sei es das erste Mal. Die Verschiedenheit des Objekts ändert nichts an der Einmaligkeit der Leidenschaft. Sie wird dadurch nur verstärkt.

Eine *grande passion* ist das Vorrecht derer, die nichts zu tun haben. Darin haben die müßigen Klassen ihren einzigen Zweck.

Es ist unheimlich lästig, wild und zügellos begehrt zu werden. Man muß hin und wieder etwas Zeit für sich selbst haben.

Männer wollen stets für eine Frau die erste Liebe sein. Frauen genügt es, die letzte Leidenschaft für einen Mann zu sein.

Nicht das Vollkommene, sondern das Unvollkommene bedarf der Liebe.

Liebe ist die Vergebung aller Sünden, die nicht gegen die Liebe selbst gerichtet sind.

Die wahre Liebe ist Begnadigung für jedes Leben, wenn es nicht selbst lieblos ist.

Die Literatur nimmt das Leben vorweg. Sie ahmt es nicht nach, sondern gestaltet es nach ihrem Willen. Das neunzehnte Jahrhundert ist weitgehend eine Erfindung Balzacs.

Je länger man das Leben und die Literatur erforscht, desto deutlicher spürt man, daß hinter allen wundervollen Schöpfungen eine einzelne Persönlichkeit steht und daß nicht der Augenblick den Menschen hervorbringt, sondern der Mensch seine Zeit erschafft.

Schriftsteller wissen, wie gut sich Leidenschaft verkaufen läßt. Ein gebrochenes Herz bringt es heutzutage auf viele Auflagen.

Es gibt weder moralische noch unmoralische Bücher. Bücher sind gut oder schlecht geschrieben. Das ist alles.

Ich lese Bücher viel zu gern, als daß ich Lust hätte, welche zu schreiben.

Ein großer Dichter ist ein unpoetisches Geschöpf. Mindere Dichter dagegen sind faszinierend.
Je schlimmer die Verse, um so malerischer sehen sie aus. Die einen leben die Poesie, die sie nicht schreiben

können. Die anderen schreiben die Poesie, die sie
nicht auszuleben wagen.

Von einem Buch vergiftet zu werden, so etwas
gibt es nicht. Bücher, die die Welt unmoralisch nennt,
sind Bücher, die der Welt ihre eigene Schande vor
Augen halten.

Mehr als die Hälfte unserer abendländischen
Kultur basiert auf dem, was man nicht lesen sollte.

Sobald ein Werk abgeschlossen ist, besitzt es
ein Eigenleben und kann auch eine ganz andere
Botschaft verkünden als die ursprünglich vom
Künstler intendierte.

Die Literatur kann uns helfen, dem Zeitalter zu
entkommen, in das wir hineingeboren wurden,
und in andere Zeitalter einzutauchen und nicht
von deren Lebensgefühl abgeschnitten zu sein.

Es gibt Bücher, die uns in einer einzigen Stunde
mehr erleben lassen, als das Leben uns in zwanzig
Jahren gewährt.

Die Literatur kann uns lehren, aus unserer eigenen
Erfahrung auszubrechen und die Erfahrungen
anderer zu machen, die größer sind als wir.

Den besten Absichten entspringen immer noch
die schlechtesten Werke.

Der Adelskalender ist das beste, was die Engländer
auf dem Gebiet der Belletristik zustande gebracht
haben.

Ich kann Romane nicht leiden, die gut ausgehen.
Sie deprimieren mich so.

Ich reise nie ohne mein Tagebuch. Gerade im Zug
braucht man immer eine spannende Lektüre.

Memoiren stammen gewöhnlich von Leuten,
die entweder unter Gedächtnisschwund leiden oder
so gut wie nichts Erinnernswertes erlebt haben;
was zweifellos der wahre Grund ihrer Beliebtheit ist.

Seit der Erfindung des Buchdrucks und der daraus
resultierenden fatalen Verbreitung des Lesens ist in
der Literatur die Tendenz zu beobachten, sich immer
mehr an das Auge und immer weniger an das Ohr zu

wenden. Vom Standpunkt der reinen Kunst aus ist
aber gerade das Gehör der Sinn, dem die Literatur zu
gefallen suchen und nach dessen Grenzen des Wohl-
gefallens sie sich stets richten sollte.

Der Reim, dieses herrliche Echo, das im hohlen
Berg der Musen seine eigene Stimme schafft und
zurückwirft; der Reim, der in den Händen des
wahren Künstlers nicht nur ein materielles Element
metrischer Schönheit, sondern auch ein spirituelles
Element des Denkens und der Leidenschaft wird,
das eine neue Stimmung erweckt, zu neuen Gedanken
anregt oder allein durch seinen verlockenden Wohl-
klang eine goldene Pforte aufstößt, gegen die der
Geist lange vergebens anklopfte; der Reim, der
das Gestammel des Menschen zur Sprache der Götter
erheben kann; der Reim ist die einzige Saite, die wir
der griechischen Lyra hinzugefügt haben.

Alle erlesene schöpferische Tätigkeit erfolgt bewußt
und planvoll. Kein Dichter singt, weil er singen muß,
zumindest kein großer Dichter. Ein großer Dichter
singt, weil er singen will.

Jeder kann einen dreibändigen Roman schreiben.
Dazu braucht man bloß vom Leben und von der

Literatur keine Ahnung zu haben. Der Rezensent
sieht sich hingegen vor die Schwierigkeit gestellt,
irgendeinen Maßstab hochzuhalten.

Um den Jahrgang und die Qualität eines Weins
zu prüfen, muß man nicht das ganze Faß leeren.
Eine halbe Stunde reicht völlig aus, um über den
Wert oder Unwert eines Buchs zu befinden.
Wer ein sicheres Formgefühl besitzt, braucht oft
nicht mehr als zehn Minuten. Warum soll man sich
durch ein trübes Machwerk hindurchquälen?

Die Literatur ist der vollendete Ausdruck
des Lebens.

Heutzutage leben alle Ehemänner wie Junggesellen und alle Junggesellen wie Ehemänner.

Junggesellen sind wie ein schadhafter Restposten. Durch zu viele Hände gegangen.

Wenn ein Mann sagt, daß er das Leben schon ganz ausgeschöpft hat, hat das Leben ihn ausgeschöpft.

Der Mut ist von den Männern auf die Frauen übergegangen. Eine ganz neue Erfahrung für uns.

Männer werden älter, aber niemals besser.

Wenn Männer nicht mehr sagen, was ihnen gefällt, vergessen sie leicht, was ihnen gefallen hat.

Männer sind Feiglinge. Sie treten jedes menschliche Gesetz mit Füßen und dann haben sie Angst vor dem Urteil der Menschen.

Ein Mann, der moralisiert, ist ein Heuchler.

Es spricht Bände für einen Mann, wenn man noch nie etwas von ihm gehört hat.

Früher wurde ein Mann durch Skandale erst attraktiv oder zumindest interessant – heute brechen sie ihm das Genick.

Wir vergeben kritikloser Bewunderung – das ist alles, was man von uns Männern erwarten darf.

Ich bin der Meinung, daß es für einen Mann nur ein passendes Umfeld gibt: sein Heim. Und wenn ein Mann anfängt, seine häuslichen Pflichten zu vernachlässigen, wird er mit Sicherheit auf eine peinliche Weise verweiblichen.

Männer und Frauen sind nicht geschaffen,
Opfer voneinander anzunehmen.

Am liebsten sind mir Männer, die eine Zukunft,
und Frauen, die eine Vergangenheit haben.

Wenn ein Mann genau das tut, was eine Frau
von ihm erwartet, steigt er bestimmt nicht in ihrer
Achtung. Man sollte immer das tun, was eine Frau
nicht von einem erwartet, genau wie man stets
das sagen sollte, was sie nicht versteht. Dann entsteht
eine zeitlos vollkommene Sympathie, die auf
Gegenseitigkeit beruht.

Das Privatleben eines Mannes oder einer Frau
sollte für die Öffentlichkeit tabu sein. Es geht sie
schlichtweg nichts an.

Frauen verkörpern den Triumph der Materie
über den Geist. Männer den Triumph des Geistes
über die Moral.

Frauen sind wunderbar sachlich. Viel sachlicher
als wir Männer. Wir vergessen oft, von Heirat zu
sprechen, und sie erinnern uns immer daran.

Frauen lieben Männer, weil sie Fehler haben. Haben sie genug Fehler, dann verzeihen sie den Männern alles, sogar den Verstand.

Wie hart moralische Frauen sein können, und wie weich moralische Männer sind.

Dies absurde Gerede von der Gleichheit der Geschlechter! Männer sind Frauen unendlich überlegen, wenn es um den Willen zur Selbstaufopferung geht.

Frauen lassen sich von Komplimenten nie entwaffnen. Männer stets.

Ein gutes Gedächtnis gehört nicht zu den Stärken, die eine Frau an einem Mann sehr bewundert.

Der Mann ist seit Abermillionen Jahren vernünftig. Die Frauen waren schon immer malerische Mahnmale gegen die bloße Existenz des gesunden Menschenverstands. Sie waren die ersten, die seine Gefährlichkeit erkannt haben.

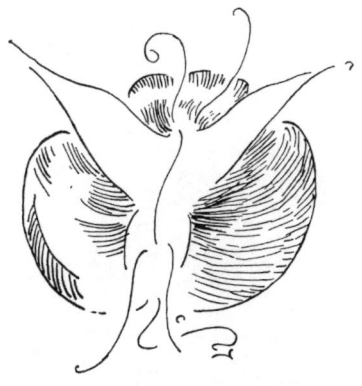

Erst wenn es zu spät ist,
erkennt man, daß man nur eines niemals
bereuen darf – seine Fehler.

Wir werden nur bei Menschen moralisch,
die wir nicht leiden können.

Die Moral des Menschen bildet einen Teil der
künstlerischen Stoffwahl; die Moral der Kunst
hingegen besteht in der vollkommenen Anwendung
unvollkommener Mittel. Ein Künstler will nichts
beweisen.

Gewissen und Feigheit sind eigentlich ein- und dasselbe. Gewissen ist nur der gängige Firmenname.

In diesem Land braucht ein Mann nur vornehm
und geistreich zu sein, schon fällt jeder hergelaufene
Wicht über ihn her. Was für ein Leben führen denn
diese Leute, die sich so malerisch gerieren?
Wir leben in der Heimat der Heuchler.

Die Grundlage des Optimismus ist Angst. Wir
halten uns für großmütig, weil wir unserem Nächsten
die Tugenden zuschreiben, die uns zugute kommen.
Wir loben den Bankier, um unser Konto überziehen
zu können, und wir entdecken gute Seiten am Straßen-
räuber, damit er uns nicht an die Taschen geht.

Jeder Trieb, den wir zu unterdrücken versuchen,
schwelt in uns weiter und vergiftet uns.

Philanthropen haben jeden Sinn für Humanität
verloren.

Richtig oder falsch – das ist eine absurde
Einstellung zum Leben. Wir wurden nicht in die Welt
gesetzt, um unsere moralischen Vorurteile
zu verbreiten.

Gute Vorsätze sind zwecklose Versuche,
in die Gesetze der Naturwissenschaft einzugreifen.
Sie entspringen der puren Eitelkeit. Sie sind nichts
weiter als Schecks, ausgestellt auf eine Bank,
bei der man kein Konto hat.

Gute Vorsätze haben etwas Fatales:
sie werden immer zu früh gefaßt.

Die Grundlage eines jeden Gerüchts
ist seine unmoralische Standhaftigkeit.

Lebenserfahrung nennt jeder bei sich das,
was andere Fehltritte nennen.

Ein unmoralischer Mann bewundert nichts mehr
als die Unschuld. Eine unmoralische Frau ist die
Sorte Frau, deren ein Mann niemals überdrüssig wird.

Es gibt keinen notwendigen Widerspruch zwischen Verbrechen und Kultur. Wir können den Lauf der Weltgeschichte nicht so umschreiben, daß er sich mit den Vorstellungen unseres moralischen Empfindens deckt.

Ein Verbrechen sollte allein und ohne Mitwisser begangen werden.

Kein Verbrecher ist vulgät. Aber jede Vulgarität ist ein Verbrechen. Vulgär ist das Benehmen anderer.

Sünde ist ein unabdingbares Element des Fortschritts. Ohne sie würde die Welt stillstehen oder alt und grau werden. Durch ihre Neugierde vermehrt die Sünde den Erfahrungsschatz der Menschheit.

Weder Kunst noch Wissenschaft kennt moralische Zustimmung oder Ablehnung.

Die Existenz eines Gewissens ist ein Zeichen unserer Unreife. Es muß erst in Instinkt übergehen, bevor wir wirklich edel werden.

Unser Interesse an der Natur schwindet, je mehr wir uns mit der Kunst beschäftigen. Denn tatsächlich enthüllt sie uns nur die Planlosigkeit der Natur, ihre erstaunliche Plumpheit, ihre außer ordentliche Monotonie und ihre gänzliche Unvollkommenheit. Die Natur hat zweifellos gute Absichten, doch sie ist nicht in der Lage, sie auszuführen.

Wäre die Natur bequem, hätten die Menschen nie die Architektur erfinden müssen. Ich ziehe Häuser entschieden dem freien Himmel vor.

Natur ist so unbequem. Der Rasen ist hart, uneben und feucht, und zudem wimmelt es von gräßlichen schwarzen Insekten.

Nichts ist augenfälliger, als daß die Natur den Geist verachtet.

Gestern abend drängte eine Frau mich, ans Fenster zu kommen und den, wie sie sagte, grandiosen Himmel zu betrachten. Aber was bekam ich zu sehen? Einen bestenfalls zweitklassigen Turner aus einer seiner schlechtesten Phasen, bei dem die gravierendsten Mängel übertrieben und weithin sichtbar hervorstachen.

Nackte Gewalt mag ja noch angehn, aber nackte Vernunft ist unerträglich. Ihre Anwendung hat etwas Unfaires. Sie ist ein Tiefschlag gegen den Geist.

Die Harmonie von Seele und Körper – wie großartig ist das. Wir in unserem Wahn haben beides voneinander getrennt und uns einen vulgären Realismus und einen hohlen Idealismus zusammengedacht.

Wer sich definiert, schränkt sich ein.

Das Schicksal sendet uns keine Vorboten. Dazu ist es zu klug oder zu grausam.

Auf dieser Welt spielen sich nur zwei Tragödien ab. In der einen kriegt man, was man will, in der anderen nicht. Erstere ist schmerzlicher, letztere die wahre Tragödie.

Ein Romantiker mißt allem einen übertriebenen Wert bei, ohne sich je nach dem Preis zu erkundigen.

Nur wenn die Menschen sich freiwillig zusammenschließen, können sie auch etwas bewegen.

Optimismus beginnt mit einem breiten Grinsen, und Pessimismus endet mit einem blauen Wunder. Außerdem sind doch beides nur Posen.

Ich liebe Probleme. Sie sind das einzige, was man nicht ernst nehmen muß.

Einen Menschenfeind kann ich akzeptieren – einen Frauenfeind niemals.

Je mehr man die Menschen analysiert, desto mehr schwindet aller Grund für die genaue Betrachtung. Früher oder später gelangt man zu jenem schrecklichen, universellen Kern, den wir die menschliche Natur nennen.

Die Dinge existieren, weil wir sie sehen, und was wir sehen und wie wir es sehen, hängt wiederum von den Künsten ab, die uns beeinflußt haben.

Es ist weitaus schwieriger, über eine Sache zu reden, als sie zu tun.

Die Grundlage des Handelns ist ein Mangel an Phantasie. Es ist die letzte Zuflucht derer, die nicht zu träumen verstehen.

Wenn wir erst einmal die Gesetze des Lebens vollkommen entschlüsselt haben, werden wir erkennen,
daß der einzige Mensch, der noch mehr Illusionen als
der Träumer hegt, der Tatmensch ist. Er kennt weder
Ursprung seines Handelns noch dessen Folgen.

Es ist schwer, über Dinge, die man liebt,
gerecht zu urteilen.

Sobald man den Ausdruck für eine Stimmung
gefunden hat, kann man sie als überholt betrachten.

Wem seine Vergangenheit lieb ist, verdient es nicht,
eine Zukunft zu haben.

Es ist immer schwieriger, etwas zu zerstören,
als neu zu schaffen.

Wissenschaft ist dem Irrationalen nie gewachsen.
Deshalb hat sie auch keine Zukunft mehr in dieser
Welt.

Wir sind nie getreuer gegenüber uns selbst,
als wenn wir inkonsequent sind.

Nur die oberflächlichen Eigenschaften dauern.
Des Menschen tiefere Natur ist bald entlarvt.

Nur Leute, die langweilig sind, kommen ins Unterhaus, und nur Leute, die langweilig sind, haben dort Erfolg.

Wer Partei ergreift, läuft schon Gefahr, sich wichtig zu nehmen, und daraus folgt zwangsläufig Ernsthaftigkeit, und die macht schließlich aus jedem menschlichen Wesen einen Langweiler.

Politik ist mein einziges Vergnügen. Seit es aus der Mode gekommen ist zu flirten, bevor man vierzig ist, oder romantisch zu sein, bevor man fünfundvierzig ist, bleibt uns armen Frauen unter dreißig doch nur die Wahl zwischen Politik und Philanthropie.
Und die Philanthropie ist für meinen Geschmack zu etwas geworden, wozu die Leute Zuflucht nehmen, die gern ihre Mitmenschen ärgern.

Es gibt drei Arten von Despoten: den Despoten, der den Leib knechtet, den Despoten, der die Seele knechtet, und den Despoten, der Leib und Seele zugleich knechtet. Der erste heißt Fürst. Der zweite heißt Papst. Der dritte heißt das Volk.

Wozu sind die unteren Schichten überhaupt da, wenn sie uns nicht einmal ein positives Vorbild liefern?

Als Klasse entwickeln sie anscheinend keinerlei
moralisches Verantwortungsgefühl.

Wer das Volk führen will, ist gezwungen,
sich dem Pöbel anzuschließen. Nur ein einsamer Ruf
in der Wüste kann den Göttern den Weg bereiten.

Unzufriedenheit ist der erste Schritt beim Aufstieg
eines Mannes oder einer Nation.

Wir werden von Fanatikern beherrscht,
deren größtes Laster ihre Aufrichtigkeit ist.

Agitatoren sind notorische Querulanten, die in eine
vollkommen zufriedene soziale Schicht einbrechen
und dort die Saat der Unzufriedenheit säen.
Gerade deshalb sind Agitatoren so notwendig.

Sämtliche Regierungsformen sind unzulänglich.
Der Despotismus ist gegenüber allen ungerecht,
einschließlich des Despoten, der viel Besseres hätte
leisten können. Oligarchien sind ungerecht gegenüber den vielen, und Ochlokratien sind ungerecht
gegenüber den wenigen. Einst wurden große
Hoffnungen in die Demokratie gesetzt; aber die
Demokratie ist nichts anderes als die Herrschaft des
Knüppels über das Volk durch das Volk für das Volk.

Der Staat hat die Aufgabe, das Nützliche zu schaffen. Der Individualismus hat die Aufgabe, das Schöne zu schaffen.

Der größte Vorteil, den die Einführung des Sozialismus mit sich brächte, wäre zweifellos die Tatsache, daß der Sozialismus uns vom unwürdigen Zwang, für andere zu leben, befreien würde, ein Zwang, der unter den gegenwärtigen Bedingungen auf fast allen so schwer lastet. Es gibt in der Tat kaum jemanden, der sich ihm entziehen könnte.

Für den Künstler gibt es nur eine geeignete Regierungsform, und zwar gar keine.

Ein Kaiser und ein König können sich bücken, um einem Maler den Pinsel aufzuheben, aber wenn sich die Demokratie bückt, dann nur, um mit Schmutz zu werfen.

Das Publikum benutzt die Klassiker als Mittel, den Fortschritt der Kunst zu behindern.

In der Kunst nimmt das Publikum das Vergangene hin, einfach weil es nicht mehr zu ändern ist, nicht etwa, weil es Gefallen daran findet. Man schluckt seine Klassiker, ohne überhaupt etwas zu schmecken. Man erträgt sie wie eine lästige Bürde, und da man schon nicht an ihnen rütteln kann, redet man hochgeschwollen über sie.

Jeder neue Ausdruck von Schönheit ist dem Publikum zutiefst verhaßt, und wo immer es ihm begegnet, werden aus lauter Wut und Bestürzung stets die gleichen dummen Vorwürfe laut – erstens, daß das Kunstwerk gänzlich unverständlich sei, und zweitens, daß es ganz und gar unmoralisch sei.

Die Kunst sollte nie versuchen, sich volkstümlich zu geben. Das Publikum sollte vielmehr versuchen, Kunstsinn zu entwickeln.

Der populäre Roman, den das Publikum gesund nennt, ist ausnahmslos ein ungesundes Machwerk; und was das Publikum als ungesunden Roman bezeichnet, ist stets ein schönes und gesundes Kunstwerk.

Die Menschheit nimmt sich zu ernst.
Das ist ihre eigentliche Erbsünde.

Es ist so leicht, andere zu bekehren.
Wie schwer ist es dagegen, sich selbst zu bekehren.

Formen sind die Nahrung des Glaubens.

Glaubensbekenntnisse finden ihre Anhänger,
nicht weil sie vernünftig sind, sondern weil sie wieder-
holt werden.

Um herauszufinden, woran man wirklich glaubt,
muß man mit fremden Lippen reden.

Sie laufen Sturm gegen den sogenannten
Materialismus und vergessen darüber, daß es keinen
materiellen Fortschritt gegeben hat, der nicht auch
zur Vergeistigung der Welt beigetragen hätte,
wohingegen nahezu jedes spirituelle Erwachen
den Lauf der Welt mit eitlen Hoffnungen, furchtlosem
Verlangen und wertlosen Glaubensbekenntnissen
aufgehalten hat.

In einem Tempel sollte alles seriös sein –
außer dem Gegenstand der Anbetung.

Der einzige Unterschied zwischen einem Heiligen und einem Sünder besteht darin, daß jeder Heilige eine Vergangenheit hat und jeder Sünder eine Zukunft.

Der Nihilist, jener seltsame Märtyrer ohne Glauben, der sich kalten Herzens an den Pfahl binden läßt und für etwas stirbt, woran er nicht glaubt, ist eine rein literarische Erfindung.

In der Kirche wird nicht gedacht. Ein Bischof sagt mit Achtzig noch, was er als Achtzehnjähriger gelernt hat.

Religionen sterben, wenn ihre Wahrheit erwiesen ist. Die Wissenschaft ist das Archiv toter Religionen.

Der Papst mag durchaus Kultur besitzen. Viele Päpste waren kultivierte Menschen, vornehmlich die schlechten. Die schlechten Päpste liebten die Schönheit beinahe so leidenschaftlich, wie die guten Päpste das Denken haßten.

Eine Wahrheit hört auf wahr zu sein, wenn mehr als einer an sie glaubt.

Schönheit ist eine Form von Genie –
ja, sie steht noch höher als Genie, weil sie keiner
Erklärung bedarf.

Ich habe für alles Verständnis, nur nicht für das
Leid. Da fehlt mir das Mitgefühl. Es ist zu häßlich,
zu ekelhaft, zu bedrückend. Die heutige Empfäng-
lichkeit für das Leid hat etwas Morbides.
Empfänglich sollte man sein für die Buntheit
des Lebens, seine Schönheit und seine Freuden.

Die Sinne sind nur deshalb wild und animalisch
geblieben, weil die Welt danach getrachtet hat,
sie durch Auszehrung zu unterdrücken oder durch
Schmerz abzutöten, statt darauf hinzuwirken,
sie zu Elementen einer neuen Geistigkeit zu machen,
deren bestimmendes Wesensmerkmal ein vornehmer
Instinkt für Schönheit sein sollte.

Die Schönheit hat so viele Bedeutungen
wie der Mensch Stimmungen.

Eine Sache zu betrachten heißt noch lange nicht,
sie auch wirklich zu sehen. Das Sehen beginnt erst
dort, wo wir ihrer Schönheit ansichtig werden.
Dann, und nur dann, gewinnt sie Wirklichkeit.

Die Schönheit ist das Symbol der Symbole.

Die Schönheit enthält alles,
weil sie nichts ausdrückt.

Ich finde es besser, schön zu sein als gut.
Aber andererseits bin ich auch der erste, der zugibt,
daß es besser ist, schön zu sein als häßlich.

Häßlichkeit ist eine der sieben Todtugenden.

Die Schönheit eines Gegenstandes zu erkennen
ist der höchste Punkt, den wir erreichen können.

Wer treu ist, kennt bloß die banalen Seiten
der Liebe; der Treulose hingegen kennt auch
ihre Tragödien.

Was für einen Wirbel man um die Treue macht.
Sie hat mit dem ewigen Willen gar nichts zu tun.
Die Jungen wollen treu sein und sind es nicht;
die Alten wollen untreu sein und können es nicht.

Was man Treue nennt, nenne ich stumpfe
Gewohnheit oder vielmehr Mangel an Vorstellungs-
kraft. Treue ist für das Gefühlsleben das gleiche wie
Eintönigkeit für den Geist – einfach ein Eingeständnis
von Schwäche. Die Leidenschaft für Besitz
steckt drin.

Einen Mann zu betrügen, der überhaupt nichts
sieht, macht keinen richtigen Spaß.

Das Geheimnis des Lebens besteht darin,
daß es einem noch Spaß macht, wenn man ganz,
ganz abscheulich betrogen wird.

Heimliche Laster gibt es nicht. Hat ein nichtswürdiger Mensch ein Laster, dann offenbart es sich in den Zügen um seinen Mund, in den erschlafften Augenlidern, ja sogar in der Form seiner Hände.

Niemand verübt ein Verbrechen,
ohne dabei eine Dummheit zu begehen.

Das Verbrechen ist ausschließlich Sache der Unterschicht. Ich mache ihr daraus nicht den geringsten Vorwurf. Vermutlich bietet ihr das Verbrechen das, was uns die Kunst bietet, nämlich schlicht die Möglichkeit, sich außergewöhnliche Gefühlsregungen zu verschaffen.

Die Verbrecherklasse ist uns so nahe,
daß selbst der Polizist sie sieht. Sie ist uns so fern,
daß nur der Dichter sie versteht.

Nichts ist unschuldiger als eine gewisse Unverschämtheit.

Gute Eigenschaften gehören an die Oberfläche.

Ich finde nicht, daß man irgend jemanden für das verantwortlich machen kann, was er oder sie in einem englischen Landhaus tut oder nicht tut.

Alle bezaubernden Leute sind verdorben.
Das ist das Geheimnis des Zaubers.

Was sind denn Tugenden? Die Natur kümmert sich wenig um Keuschheit, und es mag durchaus sein, daß die Lukrezien von heute ihre Unbeflecktheit weit mehr der Schande Magdalenas als ihrer eigenen Reinheit verdanken.

Laster und Tugend sind dem Künstler Stoffe für seine Kunst.

Vergnügen ist das einzige, wofür man leben sollte.
Nichts macht so alt wie Glück.

Alles wird zum Vergnügen, man muß es nur oft
genug tun. Das ist eines der wichtigsten Geheimnisse
des Lebens. Dennoch, einen Mord zu begehen
halte ich unbedingt für einen Fehler. Man sollte
nie etwas tun, worüber man nach dem Dinner
nicht plaudern kann.

Was uns Trost spendet, ist nicht Reue,
sondern Vergnügen. Reue wirkt ziemlich veraltet.

Eine Versuchung wird man nur los, indem man ihr nachgibt. Wer ihr widersteht, dessen Seele wird krank vor Sehnsucht nach dem, was die Seele sich untersagt, vor Verlangen nach dem, was ihre Gesetze zu etwas Abscheulichem und Gesetzlosem macht.

Ich kann allem widerstehen –
nur nicht der Versuchung.

Das Leben hat kein Geheimnis. Sein Sinn, falls das Leben einen hat, besteht darin, stets nach Versuchungen Ausschau zu halten.

Auf dem Land kann jeder ein guter Mensch sein. Dort gibt es keine Versuchungen.

Es gibt nicht annähernd genug Versuchungen. Manchmal verbringe ich einen ganzen Tag, ohne daß mir eine einzige über den Weg läuft. Das ist besorgniserregend. Es macht einen sehr skeptisch, was die Zukunft betrifft.

Der Tod und die Vulgarität, das sind im neunzehnten Jahrhundert die einzigen Tatsachen, die sich nicht wegerklären lassen.

Kein Verbrechen ist vulgär, aber alles Vulgäre ist ein Verbrechen.

Vulgär ist das Verhalten der anderen.

Es wirkt vulgär, über das zu reden, was uns angeht.

Sogar Wahres läßt sich beweisen.

Wahrheit ist etwas, das ich so schnell
wie möglich loswerden möchte.

Zum ersten Mal in meinem Leben sehe ich mich in
die ausweglose Lage gebracht, die Wahrheit zu sagen,
und bin dementsprechend unerfahren.

Nur flache Menschen urteilen nicht nach
dem Schein. Das wahre Geheimnis der Welt
ist das Sichtbare, nicht das Unsichtbare.

Unerhört, wie einem heutzutage hinter dem
Rücken etwas nachgesagt wird, was voll und ganz
der Wahrheit entspricht.

Dinge, deren man sich absolut sicher ist,
sind niemals wahr. Das ist das Verhängnis des
Glaubens und die Lehre der Liebe.

Die Wahrheit ist selten rein und niemals schlicht.
Unser zeitgenössisches Leben wäre sehr un-
interessant, wenn sie auch nur eins von beiden wäre,
und zeitgenössische Literatur ein Ding der völligen
Unmöglichkeit.

Romanzen sollten nie mit einem Gefühl beginnen.
Beginnen sollten sie mit der Suche nach der Wahrheit
und enden mit einer Abfindung.

Anwälte können die schlechtere Sache als
die bessere erscheinen lassen. Es sind Fälle bekannt,
in denen sie widerstrebenden Geschworenen
triumphale Freisprüche für ihre Mandanten
abgerungen haben, obwohl deren Unschuld,
wie so oft, klar und eindeutig feststand.

Um die Wahrheit zu erfahren,
muß man unzählige Lügen erfinden.

Wer so phantasielos ist, daß er seine Lüge
erst noch beweisen muß, soll sich lieber gleich
an die Wahrheit wenden.

Eine Sache ist nicht deshalb wahr,
weil jemand für sie stirbt.

Wer die Wahrheit erzählt, sollte nicht vergessen,
daß man ihm früher oder später auf die Schliche
kommt.

Pünktlichkeit stiehlt einem die Zeit.

Ich hasse es schon, wenn ich fünf Minuten auf jemanden warten muß. Ich bin selbst nicht pünktlich, aber ich schätze Pünktlichkeit bei anderen.

Zeit, um alles zu vergessen, was man gelernt hat, ist viel wichtiger als Zeit, um sich weiterzubilden.

Wenn man jemandem einen Besuch macht, bezweckt man, dessen Zeit zu verschwenden und nicht die eigene.

Derjenige, für den allein die Gegenwart existiert, weiß nichts von der Zeit, in der er lebt.

Der Tod muß schön sein. In der Erde zu liegen, und das Gras wiegt sich über dem Kopf, und man lauscht der Stille. Kein Gestern zu haben und auch kein Morgen. Die Zeit zu vergessen, dem Leben zu vergeben, Frieden zu haben.

Man kann alles überleben, außer den Tod, und alles überstehen, außer einen guten Ruf.

Ich warte hier
mein ganzes Leben auf dich.
Falls es nicht zu lange
dauert.

DAS LEBEN DES DICHTERS,
DENKERS UND DANDYS
OSCAR WILDE

OSCAR Fingal O'Flahertie Wills WILDE wird am
6. Oktober 1854 als zweiter Sohn von Sir und Lady
William Wilde in Dublin geboren. Der Vater ist ein be-
rühmter Augen- und Ohrenarzt, Leibarzt der Queen
Victoria, und Vater einiger vor- und außerehelicher,
von ihm anerkannter Kinder. Die Mutter, Jane Francesca,
geborene Elgee, genannt "Speranza", ist eine gefeierte
Literatin; sie hat das Leben einer selbständigen Intellek-
tuellen geführt, ehe sie mit 28 heiratet.

Taufpate ist König Oscar von Schweden.

Oscar ist ein stinkfauler, aber hochbegabter und glän-
zender Schüler. Ohne anzuecken und obwohl er Sport in
jeder Form geradezu hasst, rollt er durch das System. Er
erhält ein Stipendium für das Trinity College in Dublin,
danach für das Magdalen College in Oxford. 24jährig hat
er die Prüfung zum Bachelor of Arts mit Auszeichnung
bestanden. Umfassend und entlegen belesen, sprach-
mächtig und -kundig, betritt er seine neue Bühne:
London. Sein Ziel für sich und alle Menschen: Ein Leben
in Schönheit. Oscar Wilde, der selbsternannte Professor
der Ästhetik, der Herold des Ästhetizismus, der Prophet

einer neuen Renaissance, der Apostel des Vergnügens, der Grandseigneur des Genusses, extravagant in Samt und Seide gewandet, zieht die Aufmerksamkeit der Artisten-Elite auf sich, befreundet sich mit den berühmtesten Schauspielerinnen der Zeit, mit Lily Langtry, der schönsten Frau Englands, der Geliebten des Prince of Wales; mit Ellen Terry und der göttlichen Sarah Bernhardt. Zwar noch ein erfolgloser Schriftsteller, ist er bereits ein erfolgreicher Sprechsteller von bezwingendem Charme. Amerika lädt ein. Am Weihnachtsabend 1881 besteigt Oscar in Liverpool den Ozeandampfer Arizona und landet in New York, um den Grenzwächtern zu verkünden: "Ich habe nichts zu verzollen als mein Genie." Ein Jahr lang tourt er durch die Vereinigten Staaten. Von Neu England bis Colorado, von Kalifornien bis Kanada. In 140 Vorträgen an 260 Tagen in 90 Städten verkündet er einer Jungen Nation das Hohe Lied der Schönheit der Alten Welt.

Zurück in London setzt er seine Vortragstätigkeit fort und bereist England, Schottland, Wales und seine Heimat Irland. In Dublin verliebt er sich in die bezaubernde Constance Lloyd, die als Mrs. Oscar Wilde in das schöne schlichte Haus in Chelsea, Tite Street 16, einzieht. 1885 wird Cyril geboren; 1886 folgt Vyvyan. Die ersten Ehejahre werden in jeder Beziehung Oscars fruchtbarste Zeit. Er veröffentlicht Märchen wie "Der Glückliche Prinz",

Erzählungen wie "Das Gespenst der Cantervilles", Essays wie "Die Seele des Menschen unter dem Sozialismus" und seinen einzigen Roman "Das Bild des Dorian Gray", der als "unmoralisch" zum Skandalerfolg wird. Und er lernt seinen persönlichen Dorian Gray kennen: den jungen Lord Alfred Douglas, mit dem Kosenamen Bosie, und mit ihm "die Liebe, die ihren Namen nicht zu nennen wagt". Bosie wird Oscars große verhängnisvolle Passion. Oscar Wilde steht vor dem Höhepunkt seines Ruhmes. In allen literarischen Gattungen hat er exemplarisch brilliert: Er hat einen Roman und je einen Band mit Gedichten, Essays, Erzählungen und Märchen vorgelegt. Doch jetzt wird die Gesellschaftskomödie von gewetztem Witz seine Domäne: 1892 hat "Lady Windermere's Fächer" Premiere. Ein souveräner Oscar Wilde nimmt die stehenden Ovationen mit angezündeter Zigarette entgegen. Jede neue Komödie wird noch ein bißchen besser als ihre Vorgängerin, noch funkelnder, noch geschliffener, noch perfekter. Der Lady Windermere folgen: 1893 "Eine Frau ohne Bedeutung" und 1895 gleich zwei Meisterstücke hintereinander: Im Januar "Ein idealer Ehemann". Und im Februar feiert die vollkommenste Komödie der gesamten englischen Literatur bis auf den heutigen Tag ihren ersten Triumph: "ERNST – und seine tiefere Bedeutung".

Oscar Wilde ist gefeiert, berühmt, reich. Zwei seiner Stücke laufen gleichzeitig vor ausverkauften Häusern.

Er steht als verzaubernder Causeur und brillanter Boulevardier im Mittelpunkt einer jeden Gesellschaft. Auf den Triumph folgt der Fall, so tief, so schrecklich, so bodenlos, daß er sich nicht davon erholen sollte. Dem Marquess von Queensbury, Bosies Vater, paßt der Umgang seines Sohnes schon lange nicht. Er bezichtigt Oscar der Homosexualität. Oscar wehrt sich mit einer Verleumdungsklage; verliert und wird wegen seiner sexuellen Ausrichtung zu zwei Jahren Zuchthaus mit Schwerarbeit verurteilt. Danach lebt er noch im Pariser Exil, dichtet "Die Ballade vom Zuchthaus zu Reading", rechnet in einem langen Bekenntnisbrief mit Bosie ab. Sonst schreibt er nichts mehr. Knapp zwanzig Jahre literarische Produktivität reichen aus, um ihn bis heute zum meistgelesenen und – nach Shakespeare – meistzitierten Autor der englischen Sprache zu machen. So bleibt er bis zum Ende, der er war: Der Herr der Sprache. Am 30. November 1900, als er spürt, dass sein Ende naht, winkt er seinen Freund Robert Ross zu sich: "Robbie, hör zu. Wenn die Posaune zum Jüngsten Gericht erschallt, weißt du, was wir dann tun? Dann tun wir so, als hätten wir nichts gehört."

G. H.